BEI GRIN MACHT SICH IHR WISSEN BEZAHLT

- Wir veröffentlichen Ihre Hausarbeit, Bachelor- und Masterarbeit

- Ihr eigenes eBook und Buch - weltweit in allen wichtigen Shops

- Verdienen Sie an jedem Verkauf

Jetzt bei www.GRIN.com hochladen und kostenlos publizieren

Bibliografische Information der Deutschen Nationalbibliothek:

Die Deutsche Bibliothek verzeichnet diese Publikation in der Deutschen Nationalbibliografie; detaillierte bibliografische Daten sind im Internet über http://dnb.d-nb.de/ abrufbar.

Dieses Werk sowie alle darin enthaltenen einzelnen Beiträge und Abbildungen sind urheberrechtlich geschützt. Jede Verwertung, die nicht ausdrücklich vom Urheberrechtsschutz zugelassen ist, bedarf der vorherigen Zustimmung des Verlages. Das gilt insbesondere für Vervielfältigungen, Bearbeitungen, Übersetzungen, Mikroverfilmungen, Auswertungen durch Datenbanken und für die Einspeicherung und Verarbeitung in elektronische Systeme. Alle Rechte, auch die des auszugsweisen Nachdrucks, der fotomechanischen Wiedergabe (einschließlich Mikrokopie) sowie der Auswertung durch Datenbanken oder ähnliche Einrichtungen, vorbehalten.

Impressum:

Copyright © 2017 GRIN Verlag
Druck und Bindung: Books on Demand GmbH, Norderstedt Germany
ISBN: 9783668958357

Dieses Buch bei GRIN:

https://www.grin.com/document/489764

Christian König

Search Engine Advertising (SEA). Google AdWords

Teil eines Planungsbuches für den Marketingkurs "Kommunikation und Käuferverhalten"

GRIN Verlag

GRIN - Your knowledge has value

Der GRIN Verlag publiziert seit 1998 wissenschaftliche Arbeiten von Studenten, Hochschullehrern und anderen Akademikern als eBook und gedrucktes Buch. Die Verlagswebsite www.grin.com ist die ideale Plattform zur Veröffentlichung von Hausarbeiten, Abschlussarbeiten, wissenschaftlichen Aufsätzen, Dissertationen und Fachbüchern.

Besuchen Sie uns im Internet:

http://www.grin.com/

http://www.facebook.com/grincom

http://www.twitter.com/grin_com

Christian König

Hochschule für Wirtschaft und Recht

Studiengang: B.A. Business Administration

Hausarbeit in Form einer Tabelle
- als Teil eines gemeinsamen Planungsbuches für den Marketingkurs „Kommunikation und Käuferverhalten"

Thema:
„Search Engine Advertising - SEA - Google AdWords"

Bearbeitungsvorgabe für die Hausarbeit:
- Ziel: Alle Hausarbeiten der Studenten werden am Ende des Semesters zu einem gemeinsamen Planungsbuch zusammengefasst, so dass jeder Student ein Buch über die verschiedenen Themenbereiche des Marketingkurses „Kommunikation und Käuferverhalten" in seinen Händen hält.
- Mein zu bearbeitendes Hausarbeitsthema ist: „Search Engine Advertising - SEA - Google AdWords".
- Die Hausarbeit ist in Tabellenform zu erstellen: Die Fragen stehen auf der linken Tabellenseite und die Antworten der Studenten auf der rechten Tabellenseite.
- Zitierweise: Harvard-Methode.
- Es sind kein Deckblatt, kein Inhaltsverzeichnis und keine Seitenzahlen zu erstellen, da alle Tabellen der Studenten zu dem gemeinsamen Planungsbuch zusammengefügt werden.
- Abgabetermin der Hausarbeit: Februar 2017.

Formale Vorgaben für die Veröffentlichung im Internet: Deckblatt, Seitenzahlen und Inhaltsverzeichnis wurden nachträglich hinzugefügt.

Inhaltsverzeichnis

Definition ....Seite 4
(Ggf. Hinweis auf zukünftige Entwicklung des Werbemittels)

Funktion..Seite 5
Was kann das Werbemittel leisten? Wofür setzt man es „richtig" ein? Verwendung als Basismedium sinnvoll? Welche Werbemittel kann das Werbemittel sinnvoll flankieren?

Formate...Seite 8
Was sind „übliche" Formate? Welche Sonderformate gibt es?

Nutzer..Seite 8
Wen erreiche ich mit diesem Werbemittel?

Reichweite..Seite 9
Wie viele Personen erreiche ich mit diesem Werbemittel?

Notwendige Frequenz/Einsatzdauer..Seite 9
Wie oft sollte ich das Werbemittel einsetzen, damit es Wirkung hat?

Verfügbarkeit...Seite 9
Wie verfügbar ist das Werbemittel? Wie oft könnte ich es einsetzen?

Glaubwürdigkeit..Seite 10
Glaubwürdigkeit des Werbemittels?

Budgetbedarf..Seite 10
Mit welchen Kosten muss ich beim Einsatz des Werbemittels rechnen?
(a) Produktionskosten, b) Mediakosten?

Controlling..Seite 12
Wie kann ich die Werbewirkung des Werbemittels überprüfen?

Vorlaufzeiten...Seite 14
Welche Vorlaufzeiten muss ich vor Einsatz des Werbemittels berücksichtigen (Produktionszeiten, Buchungszeiten)?

Gestaltung..Seite 15
Was muss ich bei der Gestaltung des Werbemittels berücksichtigen/beachten?

Rechtliche Einschränkungen..Seite 17

Beteiligte..Seite 17
Welche Lieferanten/Dienstleister sind bei der Erstellung/Entwicklung/Produktion des Werbemittels beteiligt?

Vorteile...Seite 17

Nachteile...Seite 19

Anwendungsempfehlungen..Seite 20
Was sollte ich beim Einsatz des Werbemittels beachten? Mit welchen anderen Werbemitteln ist das Werbemittel gut kombinierbar?

Abkürzungsverzeichnis..Seite 22

Literaturverzeichnis..Seite 22

Definition (Ggf. Hinweis auf zukünftige Entwicklung des Werbemittels)	<u>Definition</u>: Unter Suchmaschinen-Werbung oder auch Keyword-Advertising (Search-Engine-Advertising, SEA) versteht man „das Schalten bezahlter Anzeigen auf den Ergebnisseiten von Suchmaschinen" (Lammenett 2015: 36). In Deutschland ist Google AdWords das am häufigsten verwendete SEA-Tool und kann daher mit SEA fast gleichgesetzt werden (ebd.: 122). Als klassisches SEA wird das Schalten von kurzen Textanzeigen auf den Google Suchergebnisseiten bezeichnet. Mit Google AdWords können, neben diesen reinen Textanzeigen, auch weitere Anzeigen (wie beispielsweise Werbebanner oder Videoanzeigen, etc.) im sogenannten Display-Werbenetzwerk geschaltet werden. Diese Anzeigen werden jedoch nicht unter SEA, sondern unter Online-Werbung subsumiert (ebd.: 147). SEA (und somit Google AdWords) ist ein Bestandteil des Suchmaschinenmarketings (ebd.: 36). SEM (Search-Engine-Marketing, SEM) bezeichnet alle Marketing-Maßnahmen, die auf Suchmaschinen ausgerichtet sind (Kreutzer 2014: 194). SEM ist wiederum ein Teilgebiet des Online Marketings (Lammenett 2015: 121).

	Hinweis auf zukünftige Entwicklung des Werbemittels: Auch zukünftig werden die Anwendungsmöglichkeiten von Google AdWords stetig weiterentwickelt. Die zunehmende Komplexität wird einen noch professionelleren Umgang mit dem Werbe-Tool erfordern, um Google AdWords effizient und gewinnbringend für seine Werbezwecke nutzen zu können (ebd.: 154-155).
Funktion Was kann das Werbemittel leisten? Wofür setzt man es „richtig" ein Verwendung als Basismedium sinnvoll? Ggf.: Welche Werbemittel kann das Werbemittel sinnvoll flankieren?	Was kann das Werbemittel leisten? Keyword-Anzeigen werden nur dann geschaltet, wenn der vom Suchmaschinennutzer eingegebene Suchbegriff mit dem Inhalt der Anzeige im Zusammenhang steht (ebd.: 124-125). „Als Keyword wird der Suchbegriff einer Suchanfrage bezeichnet, dieser kann aus einem oder mehreren Worten (Zeichen) bestehen (Weber 2014: 27). Somit wird dem suchenden Internet-Nutzer in dem Moment, indem er seinen Bedarf durch die Suchanfrage kundtut, die passende Anzeige bereitgestellt (ebd.: 124-125). Die Keyword-Anzeigen werden dem Nutzer auf der Suchmaschinenergebnisseite (Search-Engine-Result-Page, SERP) von Google oberhalb und neben den organischen Suchergebnissen angezeigt. Die AdWords-

Anzeigen sind jeweils mit einer Website des Werbetreibenden oder einer Landingpage verlinkt, so dass dem Besucher gleich die passende Lösung für seine Suche angeboten wird (Lammenett 2010: 4).

<u>Wofür setzt man es „richtig" ein?</u>

Google AdWords-Anzeigen werden eingesetzt, um dem Nutzer, der einen konkreten Bedarf hat und diesen durch Eingabe eines Suchbegriffes in der Google-Suchmaschine kundtut, sofort die passende Lösung anzubieten. Daher wird die Textanzeige nur dann geschaltet, wenn der eingegebene Suchbegriff mit dem festgelegten Keyword der Such-Anzeige im Zusammenhang steht (ebd.: 4).

<u>Verwendung als Basismedium sinnvoll?</u>

Wenn der Werbetreibende sowohl SEO als auch SEA betreibt, bedeutet das eine optimale Kombination (Lammenett 2015: 166-167). Meiner Ansicht nach eignet sich SEA aufgrund dieses Synergieeffektes mit SEO auch als Basismedium.

<u>Welche Werbemittel kann das Werbemittel sinnvoll flankieren?</u>

SEA kann SEO sinnvoll flankieren. Die Keywords, die in Google AdWords-Kampagnen die gewünschte Zielgruppe auf die Website des Werbetreibenden gelenkt haben, kann der Werbetreibende auch für die Suchmaschinenoptimierung seiner Website nutzen (Firnkes 2013: 94). Zudem kann SEA auch E-Mail-Marketing-Werbemaßnahmen sinnvoll flankieren, indem die Google AdWords-Anzeige für ein Abonnement eines Newsletters wirbt (Lammenett 2015: 295).

SEA kann außerdem Online-Werbe-Ziele unterstützen. Jede Textanzeige, die zum Beispiel den Firmennamen zeigt, trägt allein dadurch zur Bekanntheit des Unternehmens bei, dass Internet-Nutzer diese - auch nicht angeklickte - Anzeige auf der SERP von Google sehen können. Zudem kann eine Keyword-Anzeige den Besucher auf eine Landingpage leiten, auf der Online-Marketing-Botschaften entsprechend präsentiert werden. Das ist insbesondere dann sinnvoll, wenn der Klickpreis im Verhältnis zur Einblendung der Online-Werbung günstiger ist (ebd.: 296).

SEA kann zudem einem Affiliate nutzen. (ebd. 293). Ein Affiliate bewirbt die Produkte oder Dienstleistungen eines anderen Unternehmens auf seiner eigenen Website (Holland 2014: 634-637). SEA nutzt dem Affiliate dann, wenn der gezahlte Klickpreis für eine AdWords-Anzeige geringer ist, als die Vergütung, die der Affiliate

	erhält, wenn der durch die AdWords-Anzeige gewonnene Besucher auf den Affiliate-Link seiner Website klickt (Lammenett 2015: 293).
Formate Was sind „übliche" Formate? Welche Sonderformate gibt es?	Was sind „übliche" Formate? Die klassischen AdWords-Anzeigen sind kurze Textanzeigen und werden von Google im „Nur Suchnetzwerk" geschaltet (ebd.: 146). Welche Sonderformate gibt es? Sonderformate sind Anzeigenerweiterungen auf den Textanzeigen. Es gibt Erweiterungen für den Standort (sodass der Besucher den Standort leichter auffinden kann), Produkterweiterungen (für Information über das Produkt), Erweiterungen des Profils (betrifft Google +), Bewertungserweiterungen (die Bewertungen des Unternehmens beinhalten) und eine Anruffunktion (Kreutzer 2014: 201). Weiterhin bietet Google AdWords beispielsweise auch das „Nur Displaynetzwerk" mit weiteren Formaten an. Hierbei handelt es sich aber nicht um klassisches SEA, sondern um Online-Marketing (Lammenett 2015: 147). Daher führe ich die Formate hier nicht weiter aus.
Nutzer Wen erreiche ich mit diesem Werbemittel?	Mit den Keyword-Anzeigen werden die Nutzer erreicht, die nach entsprechenden Keywords in der Google Suchmaschine suchen und somit

	auch ein konkretes Interesse an solchen Angeboten gezeigt haben (Kreutzer 2014: 194).
Reichweite Wie viele Personen erreiche ich mit diesem Werbemittel?	Mit den klassischen Google AdWords-Anzeigen, die im Suchnetzwerk von Google geschaltet und auf der SERP von Google angezeigt werden, kann der Werbetreibende die Reichweite seiner Anzeigen über die Funktion „Standorte" einstellen. Hier kann der Werbetreibende festlegen, in welchen Regionen er seine Anzeige schalten möchte. So kann er beispielsweise das Land, die Region, die Stadt und den Umkreis um ein ausgewähltes Zielgebiet auswählen und somit die Reichweite seiner Anzeige erhöhen oder verringern. Inwiefern die jeweilige Standort-Einstellung für den Werbetreibenden sinnvoll ist, hängt von dem spezifischen Ziel seiner Anzeigen-Kampagne ab (Lammenett 2015: 148).
Notwendige Frequenz/Einsatzdauer Wie oft sollte ich das Werbemittel einsetzen, damit es Wirkung hat?	Keyword-Anzeigen werden nur gezeigt, wenn eine Suchanfrage des Internet-Nutzers mit dem festgelegten Keyword übereinstimmt. Das heißt, Keyword-Anzeigen zeigen nur in dem Moment eine Wirkung, indem der Nutzer seinen konkreten Bedarf in die Suchmaschine eingibt und ihm die entsprechende Anzeige gezeigt wird, die ihn auf die richtige Website weiterleitet, welche ihm eine Lösungsmöglichkeit für seine Suchanfrage bietet. Wird die Keyword-Anzeige nicht gezeigt, zeigt sie auch keine Wirkung (Lammenett: 2010: 4-5). Daher sollte meiner Ansicht nach die

	Anzeige bei jeder Suchanfrage des Nutzers auf der SERP angezeigt werden.
Verfügbarkeit Wie verfügbar ist das Werbemittel? Wie oft könnte ich es einsetzen?	Wie verfügbar ist das Werbemittel? Die Anzeige kann jederzeit erscheinen sobald ein Nutzer die zu dem festgesetzten Keyword passende Suchanfrage stellt (ebd.: 5). Daher ist die Anzeige meiner Ansicht nach immer verfügbar, sofern die sonstigen Rahmenbedingungen stimmen (wie zum Beispiel ein ausreichendes Budget). Wie oft könnte ich es einsetzen? Im Google Suchnetzwerk kann die Anzeige 24 Stunden am Tag eingesetzt werden (Lammenett 2015: 148).
Glaubwürdigkeit Glaubwürdigkeit des Werbemittels?	Bei der Frage, ob Keyword-Anzeigen glaubwürdig sind, gibt es unterschiedliche Aussagen. Einige Studien besagen, dass Internet-Nutzer die organischen Suchanzeigen bevorzugen, den Keyword-Anzeigen eher mit Skepsis begegnen und diese auch als nicht so relevant ansehen. Andere Studien bezeugen jedoch, dass viele Nutzer gerade die bezahlten Anzeigen als die relevantesten Ergebnisse betrachten. Bei der Google-Suchmaschine werden jedoch die organischen Suchergebnisse noch häufiger angeklickt als die Google AdWords-Anzeigen (ebd.: 165-166).

Budgetbedarf Mit welchen Kosten muss ich beim Einsatz des Werbemittels rechnen? a) Produktionskosten b) Mediakosten	a) Produktionskosten Aufgrund der zunehmenden Komplexität von SEA-Maßnahmen, steigender Konkurrenz sowie hohen Klickpreisen besteht auch ein zunehmendes Risiko, Geld zu verlieren. Keyword-Advertising wird zunehmend komplexer, so dass die Hinzuziehung eines Spezialisten (wie beispielsweise eine Agentur) erforderlich werden kann (ebd.: 154). In diesem Fall würden meiner Ansicht nach Produktionskosten anfallen. b) Mediakosten Die bloße Einblendung der Google AdWords-Anzeige ist kostenlos. Die Anzeige muss nur bezahlt werden, wenn ein Internet-Nutzer auf diese Anzeige klickt. Es werden also nur die Klickkosten (Cost-per-Click, CPC) berechnet (ebd.: 127). Die Anzeigenposition auf der SERP wird mit Hilfe eines von Google festgelegten Auktionsmodells bestimmt. Bei der Errechnung der Position der AdWords-Anzeige spielen der Gebotspreis sowie die erwartete Klickrate eine entscheidende Rolle. Damit kann der Werbetreibende durch eine gute Gestaltung seiner Anzeige und einen höheren Klickpreis eine bessere Anzeigenposition in der Auktion erreichen. Der Werbetreibende kann den Gebotspreis für das Keyword grundsätzlich frei

	bestimmen. In der Auktion ist der wirklich zu zahlende Klickpreis jedoch sehr stark davon abhängig, wie stark der Wettbewerb um das jeweilige Keyword ist. Je höher der Wettbewerb, desto höher ist in der Regel auch der Klickpreis für das Keyword. Durch die Festlegung eines Tages- oder Monatslimits in seinem Google AdWords-Konto kann der Werbetreibende seine Kosten kontrollieren (ebd.: 127).
Controlling Wie kann ich die Werbewirkung des Werbemittels überprüfen?	Die Werbewirkung eines Werbemittels kann nur dann überprüft werden, wenn ein Ziel festgelegt wurde anhand dessen der Erfolg einer Werbemaßnahme bewertet werden kann. Durch Auswertung der Werbewirkungen kann der Werbetreibende seine künftigen Werbemaßnahmen dann kontinuierlich verbessern. Je nachdem, welche operativen Ziele der Werbetreibende konkret definiert hat, werden unterschiedliche Kennzahlen relevant, die überprüft werden können (ebd.: 141). Die Suchmaschinenbetreiber stellen den Werbetreibenden leistungsfähige Controlling-Tools zur Verfügung. So bietet Google AdWords ein Tool an, anhand dessen der Werbetreibende das Besucherverhalten auf seiner Website auswerten kann. Bei diesem sogenannten Conversion-Tracking-Tool von Google wird ein Code generiert, den der Werbetreibende auf seiner Website implementieren kann. Dies ermöglicht ihm zu sehen, ob seine AdWords-Anzeigen nicht nur Traffic auf seine Website

gebracht haben, sondern ob auch die erstrebten Ziele erreicht wurden, d.h., ob eine Umwandlung in Conversions erfolgt ist (Kreutzer 2014: 209). Unter Conversion versteht man dabei, ob aufgrund einer SEA-Anzeige die erwünschte Transaktion (z.B. eine Kaufhandlung, die Bestellung eines Newsletters, eine Registrierung auf der Website, etc.) erfolgt ist (Lammenett 2015: 142).

Ein operatives Ziel könnte z.B. heißen: Möglichst viele Webseiten-Besucher mit maximal X Cent Klickkosten (CPC) zu erzielen. Die CPC werden ermittelt, indem die Keyword-Kosten durch die Anzahl der Klicks dividiert werden. Somit würde jedes sinnhafte Keyword, welches unter den maximalen Klickkosten zu schalten ist, gebucht werden. Dieses operative Ziel würde zum Beispiel bei Bekanntmachungskampagnen sinnvoll sein (ebd.: 141).

Weitere wichtige Kennzahlen, aus denen der Werbetreibende operative Ziele entwickeln kann, sind zum Beispiel die Kosten pro Bestellung (CPO). Diese ergeben sich, wenn man die Kosten eines Keywords durch die Anzahl der durch diese Keywords generierten Bestellungen dividiert. Ein anderes Beispiel ist die Conversion-Rate (CR). Diese wird ermittelt, indem die Anzahl der Conversions durch die Anzahl der Klicks geteilt wird. Würden zum Beispiel 5 Conversions mit 200 Klicks erreicht werden, hätte der Werbetreibende eine

	Conversion-Rate von 2,5 Prozent erreicht. (Kreutzer 2014: 209). So gibt es diverse Kennzahlen, mit denen der Werbetreibende in Google AdWords seine operativ gesteckten Ziele überprüfen kann (ebd.: 141-142).
	Google bietet den Google AdWords Werbetreibenden eine Verknüpfung mit einem Analyse-Tool von Google an. Mit Hilfe von Google-Analytics werden dem Google AdWords-Nutzer weitere umfangreiche Möglichkeiten zur Auswertung seiner Google AdWords-Maßnahmen zur Verfügung gestellt (ebd.: 139).
Vorlaufzeiten Welche Vorlaufzeiten muss ich vor Einsatz des Werbemittels berücksichtigen? c) Produktionszeiten d) Buchungszeiten	c) Produktionszeiten Die Vorlaufzeiten sind abhängig von den jeweiligen Erfahrungen des Werbetreibenden mit dem Einsatz von Google AdWords-Anzeigen. Hat der Werbetreibende noch keine diesbezügliche Erfahrung, bedarf es Zeit zur Initiierung und Durchführung von Testkampagnen, um ausreichende Daten und Erkenntnisse zu erwerben, die es ihm ermöglichen, seine operativen Ziele sinnvoll festzulegen und ertragreiche Kampagnen durchführen zu können. Sollte der Werbetreibende nicht die Zeit haben, selbst zielführende Werbekampagnen durchführen zu können, kann er eine professionelle Agentur mit der Erstellung der Werbeanzeigen beauftragen (ebd.: 141).

	Der Werbetreibende sollte vor der Buchung von Anzeige-Kampagnen ausreichend Zeit für die Erstellung eines groben Plans einkalkulieren, da eine vorab gut strukturierte Kampagneneinrichtung später viel Zeit einspart (ebd.: 144).
	d) Buchungszeiten
	Das Buchen von Keyword-Anzeigen ist normalerweise sehr kurzfristig möglich. Die Anzeige kann in nur wenigen Stunden nach der Buchung geschaltet werden (ebd.: 131).
Gestaltung Was muss ich bei der Gestaltung des Werbemittels berücksichtigen/beachten?	Bei der Gestaltung des Werbemittels sollte beachtet werden, dass die AdWords-Anzeige nur dann geschaltet wird, wenn der vom Suchmaschinennutzer eingegebene Suchbegriff mit dem in der Anzeige festgelegten Keyword im Zusammenhang steht (ebd.: 124). Eine geschickte Gestaltung der AdWords-Anzeige ist für den Erfolg einer Google AdWords-Kampagne wesentlich. Dabei ist zu beachten, dass die Keywords die gebucht werden, auch die gewünschte Zielgruppe auf die Website des Werbetreibenden leiten. Das bedeutet, dass das gewählte Keyword nicht nur Klicks, sondern die meisten Conversions (z.B. Kaufabschluss, Registrierung auf der Website, Bestellung von Informationen, etc.) erbringen

sollte (ebd.: 139-140).

Google AdWords Werbetreibende können mit Hilfe des Google Keyword-Planner-Tools die für ihre Ziele passenden Keywords recherchieren (ebd.: 136-137). Das Tool bietet zum Beispiel alternative Keywords zu den vom Werbetreibenden genannten Keywords an. Es werden weiterhin Berichte bereitgestellt, wie häufig auf welche Keywords geklickt wird (Erbhofe 2016: 92-93).

Das Google AdWords-Konto ermöglicht eine übersichtliche Gestaltung der Google AdWords-Kampagnen. Eine Kampagne (ich nenne hier als Beispiel: Sportschuhe) besteht aus einer oder mehreren Anzeigengruppen (ich nenne hier als Beispiel: Eine Anzeigengruppe für Tennisschuhe und eine für Basketballschuhe). Innerhalb einer Anzeigengruppe kann der Werbetreibende mehrere spezifische Anzeigen (z.B. drei unterschiedliche Anzeigen für Tennisschuhe) erstellen und für die Anzeigengruppe passende Keywords hinterlegen. Somit kann auch gut überprüft werden, welche Anzeigengruppe, Anzeige oder Keywords die besten Conversions bringen. Die Texte der Anzeigen sollten auf die Keywords abgestimmt werden. Zum Beispiel sollten im Anzeigentext ebenfalls die Keywords vorkommen, um eine höhere Conversion zu erzielen. Bei der Anzeigengestaltung sollte die Überschrift die Aufmerksamkeit der Besucher auf sich lenken, die Anzeige sollte die

	gewünschte Zielgruppe ansprechen (Lammenett 2015: 153). Die Landingpage sollte ebenfalls (in Maßen) die Keywords enthalten und auf die Anzeige abgestimmt sein (ebd.: 145). (Meiner Ansicht nach sollte so ein Internet-Besucher, der auf die Anzeige für Tennisschuhe klickt, auch auf die entsprechende Landingpage weitergeleitet werden, auf der verschiedenen Tennisschuhe für Damen angeboten werden).
Rechtliche Einschränkungen	Bei der Nutzung von Keyword-Advertising muss der Werbetreibende darauf achten, dass Marken- und Urheberrechte von Dritten nicht verletzt werden. Außerdem muss das Gesetz gegen den unlauteren Wettbewerb eingehalten werden (ebd.: 132-133). Bei der Buchung des Markennamens eines Wettbewerbers als Keyword muss der Werbetreibende - laut aktueller Rechtsprechung des Europäischen Gerichtshofes - sicherstellen, dass die eigene Anzeige nicht mit der des Wettbewerbers verwechselt werden kann. Somit muss der Werbetreibende bei der Keyword-Anzeige seine eigene Marke deutlich sichtbar machen (Kreutzer 2014: 205).
Beteiligte Welche Lieferanten/Dienstleister sind bei der Erstellung/Entwicklung/Produktion des Werbemittels beteiligt?	Der Werbetreibende kann sich selbst mit der Erstellung der AdWords-Anzeigen beschäftigen. Er kann auch eine Stelle in seinem Unternehmen einrichten, die sich mit dem Keyword-Advertising des Unternehmens beschäftigt (Lammenett 2015: 154). Wahlweise können auch externe Spezialisten oder entsprechende

	Agentur beauftragt werden, die sich beispielsweise um die Keyword-Auswahl, die Anzeigengestaltung und Schaltung der Anzeigen oder um das Controlling kümmern (Kreutzer 2014: 212).
Vorteile	Das klassische SEA hat den Vorteil, dass dem Werbetreibenden nur dann Kosten entstehen, wenn ein Besucher auf die geschaltete Keyword-Anzeige klickt und damit automatisch auf die Zielwebsite des Werbetreibenden weitergeleitet wird. Da die reine Anzeigenschaltung nicht vergütet werden muss, erfolgt die Bezahlung somit erfolgsorientiert. Weiter sind Keyword-Advertising-Kampagnen sehr flexibel. Für jedes Keyword könnte sogar eine separate Anzeige gezeigt werden. Wird die Anzeige auf der SERP gezeigt und nicht angeklickt, kann sich der Werbetreibende zumindest über eine kostenlose Werbungeinblendung freuen (Lammenett 2015: 131). Die Anzeigenposition auf der SERP kann der Werbetreibende selbst über die Höhe des Klickpreises, den er pro Klick auf die Anzeige zahlen muss (Cost-per-Click), maßgeblich beeinflussen. Weiter können die Werbe-Anzeigen meistens schnell erstellt und innerhalb von nur wenigen Stunden auf der SERP geschaltet werden. Die Wirkung der Keyword-Werbeanzeige kann innerhalb von wenigen Stunden gemessen werden. Die ermittelten Erkenntnisse können sogleich zur

	Kampagnenoptimierung verwendet werden (Kreutzer 2014: 208). Die Erfolgsmessung der Werbemaßnahme kann bis auf die Ebene des einzelnen Keywords nachverfolgt werden. Außerdem ermöglicht Keyword-Advertising eine dem Nutzerbedürfnis entsprechende Einblendung der Werbeanzeige, indem der Suchbegriff des Nutzers und das Keyword des Werbetreibenden von Google AdWords abgeglichen werden (Lammenett 2015: 154).
Nachteile	Ein Nachteil der Google AdWords-Anzeigen liegt darin, dass der Besucher der über eine Google AdWords-Anzeige auf die Website des Werbetreibenden geleitet wird, über den Tracking-Vorgang informiert wird. Die klassische Keyword-Anzeige kann keine grafischen Elemente (wie z.B. das Logo) anzeigen, was für eine Branding-Werbe-Maßnahme sinnvoll wäre. Zudem kann Klickbetrug, bei dem beispielsweise ein Konkurrent des Werbetreibenden auf die Anzeigen klickt um diesen finanziell zu schädigen, nicht ausgeschlossen werden (ebd.: 139-143). Aufgrund der zunehmenden Komplexität von Keyword-Advertising-Maßnahmen, steigender Konkurrenz sowie hohen Klickpreisen besteht auch ein zunehmendes Risiko, Geld zu verlieren. Keyword-Advertising wird zunehmend

	komplexer, so dass die Hinzuziehung eines Spezialisten (wie beispielsweise eine Agentur) erforderlich wird (ebd.:154).
	Auf Keyword-Anzeigen wird in der Regel seltener geklickt als auf die organischen Suchanzeigen. Das gilt umso mehr, je weiter unten oder rechts die AdWords-Anzeigen auf der SERP von Google stehen (Kreutzer: 2014: 194).
Anwendungsempfehlungen Was sollte ich beim Einsatz des Werbemittels beachten? Mit welchen anderen Werbemitteln ist das Werbemittel gut kombinierbar?	Was sollte ich beim Einsatz des Werbemittels beachten? Beim Einsatz des Werbemittels sollte beachtet werden, dass die AdWords-Anzeige nur dann geschaltet wird, wenn der vom Suchmaschinennutzer eingegebene Suchbegriff mit dem in der Anzeige festgelegten Keyword im Zusammenhang steht (Lammenett 2015:124). Mit welchen anderen Werbemitteln ist das Werbemittel gut kombinierbar? Keyword-Advertising ist gut mit SEO kombinierbar. So kann ein Werbetreibender die erfolgreich genutzten Keywords aus seinen AdWords-Kampagnen auch zur Suchmaschinenoptimierung seiner Website nutzen (ebd.: 295). Zudem lassen sich durch die Nutzung von SEO und SEA Synergieeffekte erzielen. Es gibt viele Nutzer, die bevorzugt auf Keyword-Anzeigen klicken, wobei andere

Nutzer grundsätzlich eher auf die organischen Suchanzeigen klicken. So kann der Werbetreibende beide Nutzergruppen erreichen (ebd.: 167).

Außerdem sind Keyword-Advertising und Online-Marketing gut kombinierbar. Einerseits trägt jede auf der SERP geschaltete Google AdWords Anzeige, die zum Beispiel den Firmennamen erwähnt, zu einem Branding bei, andersherum beflügelt jede Online-Werbung für ein Unternehmen auch die Bekanntheit und erhöht die Chance, dass der Internet-Besucher eher auf eine AdWords-Anzeige klickt, deren Firmennamen er schon einmal gehört hat (ebd.: 296-297).

Abkürzungsverzeichnis

CPC: Cost-per-Click / Klickkosten
CPO: Cost-per-Order
CR: Conversion-Rate
SEA: Search-Engine-Advertising / Suchmaschinen-Werbung
SEM: Search-Engine-Marketing/ Suchmaschinen-Marketing
SEO: Search-Engine-Optimization / Suchmaschinen-Optimierung
SERP: Search-Engine-Result-Page / Suchmaschinenergebnisseite

Literaturverzeichnis

Erlhofer, Sebastian (2016): Suchmaschinen-Optimierung: Das umfassende Handbuch (8., aktualisierte Auflage), Bonn.

Firnkes, Michael (2013): SEO und Social Media: Handbuch für Selbständige und Unternehmer, München.

Holland, Heinrich (2014): Digitales Dialogmarketing: Grundlagen, Strategien, Instrumente, Wiesbaden.

Kreutzer, Ralf T. (2014): Praxisorientiertes Online-Marketing: Konzepte - Instrumente - Checklisten (2. Auflage), Wiesbaden.

Lammenett, Erwin (2015): Praxiswissen Online-Marketing: Affiliate-und E-Mail-Marketing, Suchmaschinenmarketing, Online-Werbung, Social-Media, Online-PR (5. Auflage), Wiesbaden.

Lammenett, Erwin (2010): Online-Marketing Quick Wins (1. Auflage), Aachen.

Weber, Holger (2014): Einführung in die Suchmaschinenoptimierung (SEO) und -Marketing (SEM): Mit dem Schwerpunkt Google, Hamburg.

BEI GRIN MACHT SICH IHR WISSEN BEZAHLT

- Wir veröffentlichen Ihre Hausarbeit, Bachelor- und Masterarbeit

- Ihr eigenes eBook und Buch - weltweit in allen wichtigen Shops

- Verdienen Sie an jedem Verkauf

Jetzt bei www.GRIN.com hochladen und kostenlos publizieren